世界皇帝を倒す女

ミキティが

野田首相守護霊に挑む

大川隆法
RYUHO OKAWA

まえがき

大門未来《おおかどみき》さんは、若手ながら、実に恐るるに足る女性である。そのキップの良さ、決断力の早さ、責任感の強さ、全体を一瞬で見抜く力、そして動じない胆力。まさに、古代ローマのシーザーが現代日本に生まれ変わったら、こんな感じの女性で出て来てもおかしくないと思う。

早大政経から、外資系金融機関にいったん勤めたので、その頭の切れ味や、経済・財政的眼力は驚嘆《きょうたん》に値する。しかも、学生時代から男性にもモテモテで、モデルや女優にならないか、と引く手あまただったのである。

自民党や民主党から出したら、すぐに大臣、宰相候補として目をつけられるだろう。

今回、この秘密兵器に初めて、『幸福実現党』から政治に挑戦してもらうが、マスコミや国民の目が節穴《ふしあな》でないことを祈るのみである。最終的には、習近平・中国新国家主席の太平洋覇権主義と戦ってもらわねばならないのだから。

二〇一二年　十一月十六日

幸福《こうふく》の科学《かがく》グループ創始者兼総裁《そうししゃけんそうさい》　大川隆法《おおかわりゅうほう》

世界皇帝を倒す女　目次

まえがき　1

世界皇帝《こうてい》を倒《たお》す女

――ミキティが野田《のだ》首相守護霊《しゅごれい》に挑《いど》む――

二〇一二年十一月十四日　収録
東京都・幸福の科学総合本部にて

1　「幸福実現党の秘密兵器」登場！　13
今回の対決は、安倍晋三《あべしんぞう》氏の守護霊の依頼《いらい》だった　13
大門未来局長は、世界皇帝をめざす男・習近平《しゅうきんぺい》氏を倒す「秘密兵器」　15

時事テーマを追いつつ、
「永遠の一瞬《いっしゅん》」とでも言うべきものを遺《のこ》したい　18
野田首相の守護霊を再び招霊《しょうれい》する　19
討論を前にして、大門未来を怖《こわ》がる野田守護霊　24
2　尖閣《せんかく》問題で露顕《ろけん》した「腰抜《こしぬ》け」の政治家像　29
毅然《きぜん》とした態度が取れないのは、リーダーとして失格だ（大門）　29
尖閣問題を利用して石原慎太郎《いしはらしんたろう》を葬《ほうむ》った（野田）　32
3　どのように「尖閣諸島問題」を解決するか　36
様子を見ながら、押《お》したり引いたりするのが政治（野田）　36
「政治的な駆《か》け引き」だけでは、もはや日本を守れない（大門）　39
米軍に被害《ひがい》を出させて、アメリカを動かすつもりだ（野田）　43
主権国家として「自分の国は自分で守る」という姿勢を（大門）　46

日系企業《きぎょう》の被害を放置するのは、
中国の評判を落とす「引き技《わざ》」だ（野田） 51

4 生かされていない「松下政経塾《まつしたせいけいじゅく》」での学び 56
松下政経塾一期生が首相ならパナソニックを潰《つぶ》さない（野田） 56
「師の教え」に反して、国民の〝生き血〟を吸ってはいけない（大門） 58
「中国へのＯＤＡ」は即刻《そっこく》打ち切るべきだ（大門） 62

5 暴力団は「必要悪」なのか 66
「悪の力によって悪をコントロールする」ということも必要だ（野田） 66
悪とのつながりを「よし」とすれば若者の政治不信が募《つの》る（大門） 69
日本では「暴力的な政治家」の人気が高い（野田） 72
もっと「政治力」を身につけないと、
大学を開校できないのでは？（野田） 75

6 原発・エネルギー政策に関する「本音」とは 77
幸福実現党の「原発推進運動」には感謝している（野田） 77
「原発がないと経済が回らない」というのが地元の本音（大門） 80
現時点では「原発反対」の言論のほうが有利だ（野田） 82
「新しいエネルギー源」は、二十年もあれば何とかなる（野田） 86
本心を明かせば、私は「核《かく》武装論者」だ（野田） 90
選挙までの間に大地震《じしん》が来ないよう、神様に頼《たの》んでおいてほしい（野田） 91
7 TPPは「中国包囲網《もう》」でもある 95
TPPを民主党政権にやらせる自民党は卑怯《ひきょう》（野田） 95
TPPは「日米安保《あんぽ》」とも連動して「中国の覇権《はけん》」を防ぐ（野田） 97
8 国防を「本音」で語れる政治家が要《い》る 101
総理を五年やらせてくれたら国防にも取り組む（野田） 101

「本音で語れない政治家」というのは本当に情けない（大門）　103
防衛力強化の口実に「北朝鮮《きたちょうせん》のミサイル攻撃《こうげき》」を期待（野田）　106
原発報道で中国人に「核《かく》の恐怖《きょうふ》」を刷《す》り込《こ》みたい（野田）　108
外交・国防の基本は「最悪の事態に対する備え」だ（大門）　111
日本の潜在力《せんざいりょく》を「世界の発展・繁栄《はんえい》」のために使うべき（大門）　113

9　**今後の「選挙戦略」を訊《き》いてみる**　117
無所属での出馬者や離党《りとう》者も当選したら呼び戻《もど》すつもり（野田）　117
「日本の未来」のために正論を言い続け、国論を揺《ゆ》さぶりたい（大門）　119
幸福実現党には「先見性」はあるが「忍耐力《にんたいりょく》」が足りない（野田）　123
政治家を辞《や》めたら幸福の科学に帰依《きえ》して伝道者になろうか（野田）　125

10　野田首相守護霊は「本心」を語ったのか　129
あとがき　134

「霊言現象《れいげんげんしょう》」とは、あの世の霊存在の言葉を語り下ろす現象のことをいう。これは高度な悟《さと》りを開いた者に特有のものであり、「霊媒現象《れいばいげんしょう》」（トランス状態になって意識を失い、霊が一方的にしゃべる現象）とは異なる。

また、人間の魂《たましい》は原則として六人のグループからなり、あの世に残っている「魂の兄弟」の一人が守護霊《しゅごれい》を務めている。つまり、守護霊は、実は自分自身の魂の一部である。したがって、「守護霊の霊言」とは、いわば本人の潜在《せんざい》意識にアクセスしたものであり、その内容は、その人が潜在意識で考えていること（本心）と考えてよい。

なお、「霊言」は、あくまでも霊人の意見であり、幸福の科学グループとしての見解と矛盾《むじゅん》する内容を含《ふく》む場合がある点、付記しておきたい。

世界皇帝《こうてい》を倒《たお》す女

――ミキティが野田《のだ》首相守護霊《しゅごれい》に挑《いど》む――

二〇一二年十一月十四日　収録

東京都・幸福の科学総合本部にて

［討論者］

野田佳彦《のだよしひこ》（一九五七年五月二十日生まれ。千葉県出身）※討論は守護霊《しゅごれい》

民主党の衆議院議員（千葉4区）。第95代内閣総理大臣。早稲田《わせだ》大学政治経済学部卒業後、松下幸之助《まつしたこうのすけ》が設立した松下政経塾《じゅく》に入塾（第一期生）。千葉県議を二期務めたのち、日本新党から衆院選に立候補して初当選した。その後、新進党を経て、民主党に入党。菅《かん》内閣のときに初入閣し、財務大臣を務めた。

大門未来《おおかどみき》（一九八五年八月十四日生まれ。東京都出身）

幸福実現党財務局長。早稲田大学政治経済学部を卒業し、ＪＰモルガン・アセット・マネジメント㈱に入社。二〇〇九年、宗教法人幸福の科学に入局。理事長等を歴任し、幸福実現党に入党。

［司会］綾織次郎《あやおりじろう》（幸福の科学理事兼《けん》「ザ・リバティ」編集長）

1 「幸福実現党の秘密兵器」登場！

今回の対決は、安倍晋三《あべしんぞう》氏の守護霊《しゅごれい》の依頼《いらい》だった

大川隆法　変な題を付けて、まことに申し訳ないと思いますが（笑）、政治家の守護霊《しゅごれい》との討論というのは、すでに幾《いく》つか前例があります。

前回は、石破茂《いしばしげる》氏の守護霊と、うちのアイアンマン（矢内筆勝《やないひっしょう》・幸福実現党出版局長）とを対決させたところ、意外によい結果でした（『国防アイアンマン対決』〔幸福実現党刊〕参照）。本の出来上がりを見て、急に自信が出てきたというか、「幸福実現党も、まんざら捨てたものではない。人材はまだまだいるが、見つかっていないだけである」ということが分かりましたので、よかったと思いま

す。

立木《ついき》党首も、自民党の安倍《あべ》総裁（守護霊）と党首討論をしていますし、先週は、アメリカのオバマ大統領（守護霊）とも直接対決をしています（『スピリチュアル党首討論』『バラク・オバマのスピリチュアル・メッセージ』〔共に幸福実現党刊〕参照）。

オバマ氏は〝言論の魔術師《まじゅつし》〟とでも言うべき人ですが、立木党首の剛速球《ごうそっきゅう》でストレートな英語には、さすがに参ってしまったようです。あまりにストレートな球が来るので、「ここまで言うか……」という感じで、何カ所か怯《ひる》んだように思われました。昨日、原稿《げんこう》の校正をしたので、まもなく本が出ると思います（十一月下旬発刊）。

また、先日、安倍総裁の守護霊からは、「僕も討論したのだから、野田さんの守護霊と立木さんの討論もやってほしい。そして、ズブズブに刺《さ》してほしい」というような依頼《いらい》がありました。

ただ、立木党首はオバマ氏と対決したばかりなので、今回は、ミキティこと、大門未来《おおかどみき》さんに討論してもらおうと思います。

大門未来局長は、世界皇帝《こうてい》をめざす男・習近平《しゅうきんぺい》氏を倒《たお》す「秘密兵器」

大川隆法　今回の「世界皇帝《こうてい》を倒《たお》す女」という題は、私が付けたものです。

その「世界皇帝をめざす男」というのは、習近平《しゅうきんぺい》氏のことです。本日（十一月十四日）、中国共産党大会が全日程を終了《しゅうりょう》し、習近平氏は次の主席になりますが（翌十五日、総書記に就任）、さすがに怖《こわ》い男だと思います。九月には、いったん姿を消し、「病気だ」「失脚《しっきゃく》した」など、いろいろと言われていたものの、やはり出てきて、今回、主席になりました。

胡錦濤《こきんとう》氏が国家主席になったときには、「前の国家主席である江沢民《こうたくみん》氏が、引き続き軍のトップも兼《か》ね、体制が固まってから譲《ゆず》る」というかたちで、二年間、〝院政〟を敷《し》いていました。その前の江沢民氏のときも、似たようなかたちでした。

当初は、「今回もそうなるだろう」と見られていたのですが、大会が終わってみると、胡錦濤氏は追い出され、習近平氏が最初から軍も握《にぎ》ることになったのです。つまり、共産党のトップ（総書記）であると同時に、軍のトップ（党中央軍事委員会主席）にもなったわけです。

予想されていたより二年早く軍部を握るかたちになりましたが、これは、「日本の危機が二年早まった」ということです。

やはり、権力闘争《とうそう》は、そうとうあったと思われますし、胡錦濤氏が主席をやっている間、日本に対するかなり激しい対決姿勢も対外的には見られましたが、それでも、スッと権力を握ってしまったところを見ると、習近平氏は、私が述べているように、「恐《おそ》ろしい男」になってくるのではないでしょうか。

実は、それに対する「幸福実現党の秘密兵器」が、ミキティこと、大門未来さんです。すでに〝宇宙最強決定戦〟（二〇一一年七月二十九日に収録した「初の最強宇宙人対決《バトル》」にて）などをやっているぐらいですので、「中国など、いかほどのものか」と思っているかもしれません。

幸福の科学の活動は二十七年目に入りましたが、その二十六年余りの歴史のなかで、女性で理事長を経験した人は、彼女一人しかいません。しかも、二十五歳《さい》で一回目の理事長を経験し、そのあとに、もう一回担当して、計二期務めていますので、ポテンシャルとしてはかなり高いと思うのです。

ですから、世界皇帝を倒す前に、今、もう少しで〝昇天《しょうてん》〟しそうな首相がいらっしゃいますので（収録当時）、まずは、このあたりを練習相手として、一回、対決してみてはどうかと考えています。

野田首相は、今は、おそらく専守防衛に入っていると思われます。「守りを固めて、できるだけ隙《すき》を出さないようにしよう。変なところをつかまれないようにして、一日でも長く生き長らえたい」という一念で頑張《がんば》っているのでしょうから、守護霊も、とにかく逃《に》げ回るでしょう。

しかし、若い女性を当ててみたら、意外にポロッと隙が出ることもあるのではないかと思います。

また、今回は、早稲田《わせだ》の政経の先輩《せんぱい》・後輩対決でもあるので、彼女の将来を占《うらな》う意味でも、一度、やってみたい論戦だと考えています。

野田氏の守護霊は、まずはブロックして、言葉を濁《にご》してくるでしょうが、しだいに、本音というか、考え方の筋のようなものを引き出していきたいと思います。

時事テーマを追いつつ、「永遠の一瞬《いっしゅん》」とでも言うべきものを遺《のこ》したい

大川隆法　政局は、毎日毎日、どんどんと変わっていくので、それを追いかける

のは、なかなか大変です。この対談にしても、本にしたときには遅《おそ》くなっているかもしれません。通用する手段としては、もはや、雑誌「ザ・リバティ」（幸福の科学出版刊）のWEB版に速報を載《の》せることぐらいしかない可能性もあります。

確かに、時事的なものも多少は追わなければいけないでしょう。ただ、今回は、すぐに消えてしまうものではない、「永遠の一瞬《いっしゅん》」とでも言うべき、キラッと光るものを何か遺《のこ》せたらいいですね。

それは、「政治家の本質」というか、「政治の本質」のようなものです。つまり、「人が変わり、時代が変わっても、後世の人々の学びになるようなものを、何か遺せればよいかな」というのが、私のほうの気持ちです。

野田首相の守護霊を再び招霊《しょうれい》する

大川隆法　それでは、始めます。（大門に）頑張ってください。

今日は、いちおう、普通《ふつう》の女性の格好をしてこられたようですね（笑）。

大門　はい（笑）。

大川隆法　「兜《かぶと》を着けて、槍《やり》を持ってくるかな」と思っていたのですが（笑）。

では、野田さんの守護霊にお手合わせをお願いしようと思います。

（瞑目《めいもく》し、合掌《がっしょう》する）

現在、民主党の党首にして、日本の政権を率いておられる野田首相の守護霊よ。

以前もお出《い》でいただきましたが、今、政局は風雲急を告げ、新しい時代に向かって、いろいろなものが動いています。

こうしたなかにあって、数多くの国民は、野田首相の本音というか、「政界あるいは日本や世界を見て、どういう感想を持っているか」について、本当のことを知りたがっているのではないかと思います。

ただ、公式には、その本音に迫《せま》ることは極《きわ》めて難しいと考えますので、今日は、幸福実現党の若手女性のホープを出し、インタビュアーとして、お話を伺《うかが》いたいと思います。

どうぞ、ご協力のほど、よろしくお願い申し上げます。

それでは、野田首相の守護霊、野田首相の守護霊、どうか、幸福の科学総合本部にご降臨たまいて、われらを指導したまえ。

野田首相の守護霊、野田首相の守護霊、どうか、幸福の科学の総合本部に降臨したまいて、われらを指導したまえ。

（約二十秒間の沈黙《ちんもく》）

綾織　おはようございます。

野田守護霊　うーん。ここは、あんまり具合がよくないんだよな。

綾織　久々にお出《い》でいただき、まことにありがとうございます。

野田守護霊　前回は、あんまりいい感触《かんしょく》が残ってないんだ（二〇一一年九月発刊『沈《しず》みゆく日本をどう救うか』〔幸福実現党刊〕第1章参照）。あんた、いたかなあ。

綾織　はい。引き続き、よろしくお願いします。

野田守護霊　なんか、ここは、国会の懲罰《ちょうばつ》委員会みたいなところだからさあ。不祥事《ふしょうじ》は何《なん》もやってない。

綾織　今、国会では予算委員会が開かれていますが、〝掛《か》け持ち〟で、こちらに来ていただき、本当にありがとうございます。

野田守護霊　大丈夫《だいじょうぶ》。原稿を読んでるだけだから、大丈夫だよ（会場笑）。

綾織　そうですか。ついていなくて、大丈夫ですか。

野田守護霊　ああ、大丈夫、大丈夫。

綾織　こちらのほうは、真剣勝負《しんけんしょうぶ》でございますが。

野田守護霊　ああ、そうですか。なんか、怖そうな題が付いていらっしゃるようですね。

討論を前にして、大門未来を怖《こわ》がる野田守護霊

大門　私《わたくし》は幸福実現党財務局長の大門未来と申します。

野田守護霊　お金をくれるんか。

大門　いえ、野田首相には一銭《せん》も与《あた》えません。

野田守護霊　それはいかんねえ。

大門　今日は、予算委員会でお忙《いそが》しいなか、お時間を頂き、ありがとうございます。

野田守護霊　なんか、怖《こわ》いねえ。あんた、何となく怖い感じがする。

大門　私は怖くありません（会場笑）。

野田守護霊　目と鼻と口が怖い。

大門　（苦笑）間違《まちが》っていることに対しては、怖くなりますけれども……。

野田守護霊　「挑《いど》む」って書いてあるけど、千葉で出るんじゃないよね？

大門　違います。

野田守護霊　大丈夫ね？　よしよし。それならいい。それならいい。

大門　武力ではなくて、言論戦で……。

野田守護霊　ああ、そうですか。

大門　はい、倒したいと思います。

野田守護霊　アウッ!

大門　(笑)(会場笑)

野田守護霊　君ねえ、もうちょっと柔《やわ》らかく言えないかな。女性の武器は柔らかさでしょう?

大門　本音を引き出せるように頑張りたいと思います。

野田守護霊　本人(野田氏)は、今、ほとんど語りませんからね。守護霊だけが雄弁《ゆうべん》に語ります。

綾織　本日は、「世界皇帝を倒す女」というテーマで……。

野田守護霊　それなら、中国へ行きゃあいいじゃないか。中国へ行ってきたらいい。

綾織　「その前に、お手合わせをお願いしたい」ということです。

野田守護霊　私は、〝お手合わせ〟ですか。あ、そう。

綾織　そうですね。はい（笑）（会場笑）。

2 尖閣《せんかく》問題で露顕《ろけん》した「腰抜《こしぬ》け」の政治家像

毅然《きぜん》とした態度が取れないのは、リーダーとして失格だ（大門）

綾織　中国ということで言えば、今年の夏以降、尖閣《せんかく》問題が大きな問題になっています。この点について、まず、大門《おおかど》局長から、質問をさせていただきたいと思います。

大門　九月十八日、幸福実現党の党員であり、現在、都知事選に立候補を表明している「トクマ」という者が、日本の民間の漁船に乗って、尖閣諸島に上陸しました。

尖閣諸島は日本の領土なので、本当は、「上陸」という言葉を使うのはおかしく、「訪問」という言い方のほうが正しいと思うのですが、なぜ、自分の国の島に足を運んで、慰霊碑《いれいひ》のお掃除《そうじ》をし、鎮魂歌《ちんこんか》を歌っただけで、書類送検されなければいけないのでしょうか。

一方、香港《ホンコン》の活動家が尖閣諸島に乗り込《こ》んできたときには、飛行機で、しかもビジネスクラスで送り返しました。その後、彼らは、向こうで英雄扱《えいゆうあつか》いをされています。

この二つの対応の違《ちが》いについて、日本政府としては、どのように考えているのでしょうか。首相のお考えをお聴《き》かせいただければと思います。

野田守護霊　結論は簡単じゃないか。「日本は法治国家であり、中国は法治国家ではない」と。まあ、それだけのことだ。

大門　ただ、尖閣諸島は、日本の領土ですよね？　どうして日本人が……。

野田守護霊　日本の領土だから、日本の国内法でもって、粛々《しゅくしゅく》と対応しただけのことだ。

大門　「中国は、今、日本の各主要都市に照準を合わせた核《かく》ミサイルを、百数十基も配備している」と言われていますが、そういう国難のなか、中国に対して毅《き》然《ぜん》とした態度が取れないのは、日本のリーダーとして失格ではないでしょうか。

野田守護霊　いや、（毅然とした態度を）取ってるよ！　取ってる。取ってる。民主党の三人の首相のなかで、私がいちばん毅然としてるじゃないですか。間違いない！　これは間違いない！

尖閣《せんかく》問題を利用して石原慎太郎《いしはらしんたろう》を葬《ほうむ》った（野田）

大門　尖閣《せんかく》諸島の問題にしても、竹島《たけしま》問題にしても、「遺憾《いかん》である」としか言えない政治家は、本当に腰抜《こしぬ》けで、情けないと思います。

野田守護霊　あんたねえ、女性らしい言葉を使わないといけない。男に対して、「腰抜け」とかいう言葉を使うと……。

大門　いや、これは、国民が本当に思っていることですよ。

野田守護霊　「腰抜け」と言われたら、いくら〝ドジョウ〟でも、立ち上がるよ。

本当に。

大門　ええ、日本を守るために、立ち上がっていただきたいんですよ。「『日本の国は日本で守る』という毅然とした態度で、中国に対して臨《のぞ》んでほしい」と、国民は心から思っています。

野田守護霊　うーん……。君ねえ、日本には柔道《じゅうどう》っていうものがあるんだ。柔《やわら》っていうのは、ただ相手を投げ飛ばすだけが、技《わざ》じゃないんだよ。相手がかけてくる技を受けて、返し技を打ったり、寝技《ねわざ》に持ち込んだり、絞《し》め落としたり、いろいろな技があるんだよ。

だから、「立ち技で攻撃《こうげき》することだけが技だ」と思っちゃいけないのであって、私のやってることには、向こうの力を利用して、別の絞め技や寝技に持ち込もうとしているところがある。それを分からなきゃいけないよな。
少なくとも、私は、国内政局も抱《かか》えておるから、尖閣問題では、まず、中国を利用して、石原慎《いしはらしん》太郎《たろう》を葬《ほうむ》ったんだよ。むさいおやじを引きずり降ろしただろ？　おやっさん、とうとう出てきただろ？　都知事を放り出して、出てきた。あれは、尖閣所有問題で首相に負けたからなんだよ。「首相対都知事では、首相には勝てない」っていうことが明らかになって、もう悔《くや》しくて、とうとう飛び出してきたでしょ？

このおっさんは、もう退路を断《た》たれたね。「たちあがれない日本」と組んで、新党をつくったけど、年寄りの〝太陽の季節〟だな。このおっさんは、これで終わりだからね。石原は、これで片づいたんだ。

こういう、「敵の力を利用して、なかの害を除く」という技を一つ使ってるわけで、私の腕《うで》がそんなに立たないと思ったら、大間違いだよ。

あれ（石原）はうるさいからね。トゲを抜いとかなきゃいけないよな。

3　どのように「尖閣《せんかく》諸島問題」を解決するか

様子を見ながら、押《お》したり引いたりするのが政治（野田）

大門　尖閣《せんかく》諸島を国有化するに当たっては、「中国と密約を交《か》わした」ということも聞いています。

野田守護霊　密約なんかないよ。みんな知ってるから、密約じゃない（笑）。

大門　「民主党政権は、中国政府に対して、『尖閣諸島を国有化することで、そこに船《ふな》だまりや新しい灯台は建設しない』ということを密約している」との情報を聞いているんですよ。

野田守護霊　それは……。いや、そんなことはないよ。石原《いしはら》は「つくりたい」って言ってるんだろ?　それで、俺《おれ》は「つくらない」と言ってるけど、俺の任期は、もう、そんなに長くはないからさ。俺が「つくらない」と言っているだけで、俺じゃない人がつくるかもしれないよな。

大門　ご自身が首相のときには、「尖閣危機を解決しようとする姿勢は取らない」ということでよろしいですか。

野田守護霊　あんたねえ、女性に迫《せま》るときに、いきなり、「ホテルに行かないか」とは言わないもんだよ。分かる?　まずは、「喫茶店《きっさてん》でお茶を飲まないか」っていうところから行くのが当然だよな。

だから、まず、「これは、借りてるやつを国有化するだけですから、どうってことはありません。石原さんは危険な人物だから、中国と日本の平和のために、私が代わりに保管します」と、まあ、ここから入っていって、それ（船だまりや灯台の建設等）は次の段階だよな。

物事は、そのように段階を追ってやるもんなんだ。

いきなり、「ここに施設《しせつ》をつくって、中国と真正面から対決します」と言ったら、君ねえ、あらぬ敵がワーッと出てきますよ。

大門　では、尖閣諸島をどういう方法で中国から守っていく予定でしょうか。

野田守護霊　今は情勢判断中だよ。少なくとも経済問題が出てきたからな。中国国内の日系企業《きぎょう》が焼き討《う》ちされたり、石を投げられたり、ケガをさせられたり、ものを盗《ぬす》まれたり、いろいろされたよね。

いちおう、「どのようになるか」っていうのを観察してだね、要するに、「日本は何《なん》にもしない」という状況《じょうきょう》でも、ああいうことが起きるのを見た上で、「今後、どの程度まで、経済的な被害《ひがい》が出そうか」っていう予想を立てないといけない。強腰《つよごし》で、全部は出れないのでね。あんまり強腰で出ると、向こうも、「じゃあ、核《かく》を撃《う》つぞ」と最初から言ってくるからさ。そんな結論を言ってこられると、うちは困るからね。

まあ、様子を見ながら、押《お》したり引いたりするのが、政治なんじゃないかな。

「政治的な駆《か》け引き」だけでは、もはや日本を守れない（大門）

大門　中国は、一九八二年に、第一列島線、第二列島線を設定し、「二〇二〇年までに第二列島線までの制海権を確保する」という計画を立てています。それだけではなく、「二〇二一年に中国共産党が百周年を迎《むか》えるときまでに、台湾《たいわん》を併《へい》合《ごう》する」ということも打ち出しているのです。

現実的な脅《きょう》威《い》が迫っているなか、政治的な駆《か》け引きだけで、本当に、国民の生命と財産を守ることができるのでしょうか。

野田守護霊　あのねえ、尖閣には人が住んでないから、日本国民の命は失われないんだよ。だから、向こうに上陸させるの。上陸されたら、こちらが攻撃《こうげき》しても構わないから、私は上陸させるつもりでいる。まずは、向こうに上陸させるんだ。

大門　中国人に上陸させるわけですか。

「第一列島線」および「第二列島線」

「第一列島線」は、九州・沖縄から台湾、フィリピン、インドネシアに至るライン。「第二列島線」は、伊豆諸島からサイパン、グアム、パプアニューギニアに至るラインを指す。

野田守護霊　（上陸者が）漁民だけだとちょっとまずいんだけど、まず漁民が上陸して、「日本は何もしない」と思って安心したら、次は、向こうの軍が上陸してくるから、そうなったら、アメリカと共同戦線を組んで、防衛をやってもいいわけです。これは正当防衛なのでね。これで、追い出しをかけるつもりでいます。

大門　このたび、オバマ大統領が再選されましたが、オバマ大統領の基本的な方針は、国内の問題に終始しています。しかも、財政赤字が厳しいため、毎年、軍事費をどんどん減らしていこうとしています。アメリカは、特にアジアの問題からは、「世界の警察」としての使命を終える方向にもっていきつつあるのです。

したがって、今までのように、「アメリカが日本を守ってくれる」と思っていると、たいへん危険なことになります。やはり、日本は、独自の防衛力を持つべきだと私たちは考えているのです。

米軍に被害《ひがい》を出させて、アメリカを動かすつもりだ（野田）

野田守護霊　実際はねえ、そんなに甘いもんじゃないんだよ。君は知っておるかどうか、知らんけども、今、米軍の司令官からＣＩＡの長官まで含《ふく》んだスキャンダルが始まっているが、あれは、アメリカで起きていると思ったら大間違《まちが》いで、仕掛《しか》けてるのは、中国なんだよ。私は、もう、「中国が仕掛けてる」という情報をつかんでるからね。

だからねえ、アメリカ軍が行動を起こそうとしたら、軍の関係者が失脚《しっきゃく》するように仕掛けるぐらいの力は、もう中国にはあるのよ。

それだけ、いろんなスパイが、アメリカ国内のいろんなところに入って、大統領選まで引っ掛けてやっているので、今は、そんな簡単に行動が取れないようになってるわけだ。

つまり、「もし、『中国を攻《せ》める』というようなことを言う大統領、ないしは国務長官、あるいは軍やＣＩＡ系のトップ等が出てきたら、みんな、足払《あしばら》いを食わせて、罠《わな》にかける」っていう仕掛けを、中国は、とっくに付けてあるんだよ。だから、そんな簡単にできることではない。

オバマさんは「協力せん」と言ってるけども、あれはねえ、「幸福実現党は共和党と仲良くしすぎている」という噂《うわさ》を聞いて、怒《おこ》ってるんだよ。きっとそうだ。「それで（大統領選が）接戦になった」と思って、怒ってるんだよ。

それについては、自分たちで反省したほうがいいわ。アメリカの民主党を応援《おうえん》しとりゃあ、「ちゃんと助けに来る」って言うんだよ。

大門　もちろん、私たちは、共和党だけではなく、アメリカの民主党にも、正しい情報を提供し、連携《れんけい》を図《はか》っていきたいと思っています。今は、共和党とのパイプしかありませんが、民主党にもパイプを引こうと、鋭意《えいい》、努力しているところです。

野田守護霊　「オバマ対習近平《しゅうきんぺい》」じゃなあ。習近平はこれから十年やるので、それだけやられたら、オバマさんは、やっぱり勝てないよね。

オバマさんは、もうあとは、できるだけ取り繕《つくろ》うというか、前半戦の失点を取り返すだけで精いっぱいで、経済問題のほうが中心になるだろう。それを考えると、「中国と日本を両天秤《てんびん》にかけて、どっちのメリットが大きいか」っていう話になるだろうな。どうせな。

そうしたら、中国は、それを操縦しようとして、また一生懸命《いっしょうけんめい》やるだろう。まあ、アメリカの選挙でも、中国の金はけっこう渡《わた》ってるからね。

彼らは、やるときは、やりますよ。日本は何もしませんからね。それに比べれば、中国はまめに働いております。

まあ、「アメリカは、尖閣ぐらい何とも思ってない」っていうのは、本当にそうだろうと思う。

だから、こっちも寝技《ねわざ》をかけなければ駄目《だめ》なので、米軍に何か被害《ひがい》を出させようと思っています。米軍のほうに被害が出たら、黙《だま》っていられないのが、アメリカ人ですからね。

残念ながら、日本人だけの被害では動かないと思うので、米軍に何らかの被害が出るように、うまいこと引っ掛けようと思っています。そうしたら動きます。

主権国家として「自分の国は自分で守る」という姿勢を（大門）

大門　つまり、日本の首相として、「日本国民を守るために、同盟国であるアメリカ兵の命を捨てる」という考えを持っておられるわけですか。

野田守護霊　いや、捨てるんじゃありません。もらうだけです。

大門　「利用する」ということですね。

野田守護霊　うん。せっかくオスプレイを配備したんでしょう。オスプレイは、尖閣とか竹島《たけしま》とかに飛んでいくために配備したものです。あれに海兵隊員が乗って、島に行けば、当然、中国のほうから、ミサイルを撃《う》ってきて、オスプレイの一機や二機は墜《お》ちます。そうしたら、米国民はガーッと怒るでしょうね。つまり、私は、そういう状況をつくり出そうと思ってるわけですよ。

　日本の自衛隊員が何人か死んでも、ワアワア言うだけだろうけど、米軍のオスプレイが一機でも二機でも撃墜《げきつい》されたら、アメリカは黙っていられませんよ。これはしかたない。民主党だろうが、共和党だろうが、これは動かざるをえないですね。

だから、私は、尖閣の中国軍を追い返すぐらいのことはやりますよ。その程度のことはやります。

大門　「自分の国は自分で守る」というのが、主権国家としてのあり方です。

野田守護霊　いや、タダで守れるなら、そのほうがいい。

大門　そういう態度は、本当に恥《は》ずかしいと思います。

野田守護霊　いやあ、あんたきついよ。

大門　はっきり言わないと、この日本は変わりません。

野田守護霊　おたくの党は、みんな、ストレートにものを言うように教育されてるわけ？　そういうのは、政治家としてはよくないよ。ストレートに言いすぎると、やっぱり、よからぬ敵をつくるからさ。
　僕《ぼく》だって、あなたを、かわいがるぐらいのことはできるんだからさあ。

大門　かわいがっていただかなくて結構です（笑）（会場笑）。

野田守護霊　おじさんを差別すると、あとで怖《こわ》いよ。

大門　おじさんは好きですけれども……。

野田守護霊　あっ、そう?

大門　野田さん(守護霊)の考え方が間違っていると思うので、きつい言い方になってしまうわけです。

野田守護霊　まあ、私も、ストレスがたまって、顔がむくみ、なかから吹《ふ》き出物が出てるから、女性にもてないのは、よう知っておるけれども、もてないから、スキャンダルもなく、長生きできてるわけよ。

だから、いいわけ。女性に嫌《きら》われても結構ですよ。野田ガールズというのは、決して出てこないんですけど、これが、いいんですよ、それなりに。

で、何でしたっけ？

綾織　尖閣の問題について議論してきたわけですが。

野田守護霊　ああ、だから、アメリカは最終的には戦いますよ。大丈夫《だいじょうぶ》です。

日系企業《きぎょう》の被害《ひがい》を放置するのは、中国の評判を落とす「引き技《わざ》」だ（野田）

綾織　中国との問題については、尖閣にとどまらず、「今回の党大会で総書記に就任する、習近平氏をどう見るか」ということが、最も大きな論争点になるかと思います。

野田さんとしては、「まず寝技《ねわざ》をかけていく」というところでしょうが、習近平氏がアジア全域でやろうとしていることについては、どのように見ているのでしょうか。

野田守護霊　いや、分かってるよ。君らが言ってるように、アジア諸国に対して支配権を及《およ》ぼそうとしている中国が、脅威であることぐらいは分かってる。私だって、いろんな国際会議に出て、アジアの人たちと会い、彼らの意見も感じているから、それは分かっている。

まあ、君らは、「今回、中国の日系企業《きぎょう》があれだけ襲《おそ》われて被害《ひがい》がたくさん出てるのに、日本政府がそれについて抗議《こうぎ》もせずに放置してるのは、まことに情けない。けしからん」と言うんだろうけども、何もしないことによって、「中国は、こういう国なんだ」っていうことを、諸外国にお見せしてるんですよ。今、ずっとね。

つまり、「中国と深い関係を持っても、最後は、こんなふうになりますよ」ということで、あれを見せることによって、実は、中国の、アジアの他の国へのマーケット支配が困難になることを私は狙《ねら》っているんです。

もちろん、日系企業に被害が出ましたけれども、やはり、そのことを有効利用しなきゃいけないので、デモなどの映像を世界に流し、「中国と組んでも、しょせん、こうなります。今後、中国に投資したって無駄ですよ」「中国への投資と中国の進出に対して、あまり心を開くと危険ですよ」ということを、じっくりとお見せしているわけです。

さらに、日本が、東日本大震災《だいしんさい》のときのように、ジーッと我慢《がまん》強くしているだけで、世界の人々は、「日本は忍耐力《にんたいりょく》のある国だな。あれだけのことをやられても腹が立たないのか。すごい大国だ。日本とだったら、もうちょっと友好関係を持っても、何《なん》にも起きないだろうし、平和で、商売を促進《そくしん》できるな」と思ってくれる。そういうことを狙ってるわけなんですよ。

そこが君らとは違うところだな。

綾織　今までであれば、それで通用したかもしれませんが、習近平氏には必ずしも通用しないと思います。

野田守護霊　いやあ、中国にだって、今、経済的ダメージが出てきてるんだよ。だんだん嫌われてるんだ。あれで好かれるわけがないでしょ？

今、チベットのダライ・ラマとかが日本に来て、ワーワー言ってるけど、彼らは「チャンスだ」と見てるわけよ。

中国のあの暴動が、とうとう、いろいろと報道され始め、日本を経由して世界に知られ始めたでしょ？「日系企業を襲った」っていうのは、世界に見せるのに、ちょうどよかったんだよ。

チベットとか、ウイグルとか、内《うち》モンゴルとかを襲っても、報道されないから、内容が分からないけど、今回は、日系企業を襲ったから、その内容が世界に知られてしまったわけよ。

あれは向こうの失敗なんです。だから、ダライ・ラマのようなおっさんも元気になっちゃって、また活動を開始してるわけですね。

だからねえ、「こういう手もある」ということを知っといたほうがいいよ。引き技というか、「引き倒《たお》し」というのもあって、袖《そで》を引いただけで相手が倒れる場合もあるからね。

4　生かされていない「松下政経塾《まつしたせいけいじゅく》」での学び

松下政経塾《じゅく》一期生が首相ならパナソニックを潰《つぶ》さない（野田）

大門　本当は、何も考えていないから、とりあえず、「引く」とおっしゃっているのではないですか。

野田守護霊　いや、君、そんなことはありませんよ。早稲田《わせだ》の政経というのは、勉強に次ぐ勉強をしないと卒業できませんし、松下《まつした》政経塾《じゅく》の第一期生も、よほど選び抜《ぬ》かれた人でなければ入れません。幸之助《こうのすけ》さんの目は厳しいですからね。

大門　野田首相は、天上界《てんじょうかい》の松下幸之助さんから怒《おこ》られていますよね（前掲《ぜんけい》『沈《しず》みゆく日本をどう救うか』参照）。松下幸之助さんの教えを学んだ第一期生なのに、私は本当に残念だなと思います。

野田守護霊　いや、それが違《ちが》うんだな。幸之助さんはちょっと気が短いね。あの人は気が長いようで短い。すぐカッとなるけど、それには、まだ裏があるんだよ。（松下政経塾の）一期生がたまたま首相をやってるときに、パナソニックが巨《きょ》大《だい》赤字を出しても、潰《つぶ》れるわけがないじゃないですか。政経塾の一期生が総理大臣をやってるのなら、救済に入るに決まってる。パナソニックは得しましたよ。

もし、違うところだったら、大変なことになるけど、絶対に救われることが決まってるよ。「南無阿弥陀仏《なむあみだぶつ》で、西方浄土《さいほうじょうど》に往生《おうじょう》できる」と決まってますから、これはよかった。やっぱり、政経塾に投資しておいただけのことはあるね。彼は得をしたんです。きっと感謝しますよ（注。残念ながら、この発言は、解散・総選挙により実現できなかった）。

「師の教え」に反して、国民の〝生き血〟を吸ってはいけない（大門）

大門　松下幸之助さんは、松下政経塾の教えとして「無税国家論」というものを打ち出し、「国民から税金を巻き上げるのは愚策《ぐさく》だ」と、はっきりおっしゃっています。

しかし、第一期生である野田首相は、その師の教えとまったく逆のことをされていると思いますよ。

野田守護霊　いや違う。その前の手順があってね、無税国家になるのは、百年後なんだよ。だから、百年後の松下政経塾の塾生は、無税国家を目指してるの。

ただ、私たちは、まず政権に入っていく練習、政権を取る練習をしなければいけない。政権を取るためには、まず官僚《かんりょう》を押《お》さえてしまわなければいけない。今、この訓練から入ってるわけだ。

これは、立木《ついき》党首にも申し上げておきたいところだけども、まずは、「人心収《しゅう》攬《らん》」ということが大事なのであって、官僚を押さえ込《こ》んでいかなきゃいけない。

それから、だんだん、自分のやりたいことをやっていくんだよ。

私だって、一年間はおとなしくしていて、一年を超《こ》えてから、だんだん、本領を発揮しつつあるわけだ。もし、これで、もう二年、三年とやれることになったら、私だって、どんなタカ派に変わるか分からないよ。

大門　しかし、ご自身の政治生命を引き延ばすために、「国民の〝生き血〟を吸い続ける」という発想は、本当によろしいのでしょうか。

野田守護霊　（苦笑）君、きついねえ（会場笑）。「世界皇帝《こうてい》を倒《たお》すドラキュラ女」とか、そういう題に変えたらどうだい？　私、推薦《すいせん》するよ。

大門　幸福実現党は、国民のみなさまの〝生き血〟は吸わず、まずは、経済政策で、日本をさらに繁栄《はんえい》・発展させていきます。

野田守護霊　君はねえ、税金で給料をもらっとらんから、そう言えるわけだ。それは、税金で給料をもらい始めたら言えなくなることですからね。ええ。そんなもんですよ。

大門　先ほど、「習近平《しゅうきんぺい》氏は経済音痴《おんち》だ」という発言もありましたが、私にとっては、野田首相もまったく同じです。

習近平氏は、「海賊《かいぞく》経済」で、資源が豊かな各国に手を伸《の》ばして、何でも分捕《ぶんど》っていくようなやり方をしていますけれども……。

野田守護霊　まあ、ズバリそうだなあ。

大門　野田首相も、日本国民から分捕っています。

野田守護霊　いや、そんなことはない。中国による危機を見て、今、「やっぱり、工場を移さなきゃいけないだろう」と読んで、日本企業《きぎょう》が、ASEAN《アセアン》（東南アジア諸国連合）など、ほかの国に工場を移転しやすいように、いろいろな投資も進めたりして、やってるよ。

それは、民主党でもやってるから、「〝生き血〟を吸ってる」とだけ言われるときつい。ほかの国に援助《えんじょ》してますから、そうとだけは言えないんじゃないかな。

「中国へのODA」は即刻《そっこく》打ち切るべきだ（大門）

大門　援助といえば、今、中国が世界第二位の経済大国に躍《おど》り出た一方、日本は第三位に落ちている状態ですが、第二位の中国に対して、第三位の日本がいまだにＯＤＡ（政府開発援助）を続けているのは、おかしな話だと思います。

去年も、日本は中国に四十六億円のＯＤＡを出していますので、これは即刻《そっこく》、打ち切るべきでしょう。

野田守護霊　君、ほんとにしつこいなあ。細かいよ。表向きには、ＯＤＡは打ち切られたことになってるんだけど、なんで、そんなちっちゃい数字を探してくるのよ。もう、とっくに打ち切ったことになってるんだよ。世間《せけん》では、みんながそう思ってる。

大門　打ち切ったことになっているけれども、国民に嘘《うそ》をついて、実は……。

野田守護霊　四十六億円なんて、ほとんどゼロじゃない？　限りなくゼロじゃん。国家経済から見たら、限りなくゼロだからさ。

大門　いや、ゼロではないです。

野田守護霊　打ち切ったことになってるんだよ。だけど、一部、何というか、官《かん》房《ぼう》機密費の代わりみたいな〝対中国機密費〟として、向こうを黙《だま》らせるために、ちょちょっと撒《ま》いていることはあるかもしれない。公式には打ち切ったことになっているんだけどね。

大門　「打ち切ったことになっている」ということですか。尖閣《せんかく》諸島の問題にしても、ODAの問題にしても、国民に嘘をついて、さまざまな密約をされていることが分かりました。

野田守護霊　いや、密約は外務省がするのであって、私はしません。

大門　ただ、外務省の大臣の上に立つリーダーが野田首相ですから、野田首相が、それに対する全責任を負っているはずです。

野田守護霊　いや、私は、「よきに計らえ」としか言わないので、各大臣が責任と自覚の下《もと》に、専門家として行動なさっているんですよ。

5　暴力団は「必要悪」なのか

「悪の力によって悪をコントロールする」ということも必要だ（野田）

大門　今、大臣の話になりましたが、「大臣の任命基準」について少し教えていただきたいと思います。

野田首相は、以前、暴力団とつながりがあった田中慶秋《けいしゅう》氏を法務大臣に任命されました。また、最近の話で言えば、田中眞紀子《まきこ》文部科学大臣が、審議会《しんぎかい》を通っていた新規大学三校の開設について、自分の一存で、「これは不認可だ」といきなり言い出し、すぐに撤回《てっかい》しました。

そういう無茶苦茶なやり方をなさる人を、どういう思いで要職に就《つ》けているのか、お聴《き》かせいただければと思います。

野田守護霊　まあ、その法務大臣と暴力団の関係については、そんな証拠《しょうこ》が出てきて、マスコミがそこまで追及《ついきゅう》してくるとは読んでなかった。

しかし、少なくとも、法務関係や警察関係、司法関係の者たちは、よし悪《あ》しはともかくとして、暴力団との何らかの交渉《こうしょう》窓口は持っているものなんだ。それを持ってないと抑《おさ》えられないからね。

それに、法治国家の日本としては、暴力団だって、皆殺《みなごろ》しにするわけにはいかんのですよ。だから、この世的には存在はしているわけ。

暴力団と言っても、この世的には不動産屋であったり、消費者金融《きんゆう》であったり、いろいろな企業《きぎょう》を名乗った仕事をやってるんですよね。

ただ、それらがやりすぎないように監視《かんし》しなきゃいけない。監視しなきゃいけないけど、単に敵対するだけだったら、情報がまったく入らないので、何らかの接点は持ってるわけだ。

例えば、兵庫《ひょうご》県警本部と山口組との間に、かなりの交流があるのは分かってることですけども、彼らを泳がせておきながら、「一定の範囲《はんい》内で犯罪を収める」というか、あるいは、「仲間内だけで収めさせる」とか、「暴力団同士の抗争《こうそう》を、より大きな暴力団によって収めさせる」とか、彼らの〝政治力〟を使いながら、いろいろとやってるんだよ。

だから、まあ、その流れの上では、いろんなところで、闇《やみ》の部分に精通した人も使わなきゃいけないときもあるわけなんですね。

例えば、以前、竹下《たけした》元総理が、日本皇民党《こうみんとう》という右翼《うよく》に、「金儲《かねもう》けのうまい竹下さんを、ぜひ総理に！」と、街宣車から〝ほめ殺し〟をされたとき、暴力団を通じて、その右翼を黙《だま》らせたことがあった。このように、政治家も、あるいは大企業も、何らかの筋で暴力団を使うようになっとるのよね。まあ、彼らを皆殺しにはできないので、完全に排除《はいじょ》するんじゃなく、生かしながら、泳がしながら、彼らをコントロールしつつ、法治国家を守っているわけだ。実は、「悪の力によって、一部、悪をコントロールする」ということも必要なんだよ。

そういう意味で、（田中慶秋氏については）いろいろと推薦《すいせん》があって、「まあ、いいかな。大丈夫《だいじょうぶ》かな」と思って許可したけども、マスコミのほうの調べが意外に進んでいたところに、ちょっとミスがありました。

悪とのつながりを「よし」とすれば若者の政治不信が募《つの》る（大門）

大門　それでは、もともと、「暴力団と縁《えん》があった」ということを承知の上で、彼を任命されたわけですか。

野田守護霊　政治家には、みんなあります。みんなあるんです。たまたま、法務大臣だから言ってるけど、大臣経験者で、暴力団関係とつながりがない人なんか一人もいません。みんなあります。

大門　野田首相も、おありになるんでしょうか。

野田守護霊　ええ。暴力団も、票を持ってますからね。一人一票なんですよ。暴力団と言うけどね、実は、自民党なんか、もっと深い関係にあるんです。というのも、あなたがたは、「都市の開発をしたい」とか、「東京開発」とか、「リニアを引く」とか言ってるけども、土地を買収する際、「いかに個人が抵抗《ていこう》するか」っていうことには、ものすごいものがある。これには、法律に則《のっと》っただけでは解決できない部分があるんですよ。

だから、地上げ屋っていうのが、そこに存在する。地上げ屋は、さっき言った職業のなかの一つですけども、これにも暴力団が必ず絡《から》んでいる。あなたたがよく行く、若者にも人気のある六本木《ろっぽんぎ》ヒルズだって、地上げ屋を使わなきゃ建たないんだよ（机を叩《たた》く）。地上げ屋を使うとき、必ず裏についてるものがいる。

こういうものは、「必要悪」として、社会に存在してるのよ。だから、そういう六本木ヒルズなら六本木ヒルズを建てようとする人は、必ず、こういうものを、裏からか、どこからか、間接的につついて動かしているし、大物の政治家になれば、必ずルートは持っている。みんな、公表はしないけども、「見つかったのは、運が悪かったかな」というぐらいの感想であることは事実だよ。うん。残念だったな。

あんたがたも、やがてそうなるよ。あんなに巨大《きょだい》な開発をするなんて言ったら、絶対そうなるからね。それはしょうがない。

まあ、守護霊の意見だからね。あの世を信じてない人は、全然、聞かなくていいからね。

大門　今のお話を聞いて、そういう悪とのつながりを「よし」とされていることを、今の若者が知ったら、ますます政治不信が募《つの》り、日本の政治に対して「あきらめ」というか、もう本当に泣けてくると思います。

日本では「暴力的な政治家」の人気が高い（野田）

野田守護霊　いやね、日本人は暴力好きなのよ。石原慎太郎《いしはらしんたろう》なんか、暴力おやじでしょ？「暴走老人」っていう声もあるけど、「暴力おやじ」だよな。

それに、弟の石原裕次郎《ゆうじろう》なんて、昔の慶応《けいおう》は、粗悪《そあく》……、いや、これは差別だから言っちゃいけないよな。まあ、昔の慶応は底辺校だったから、もう、高校時代から酒は飲むわ、喧嘩《けんか》はするわで、暴力団そのものが高校生をやってるようなもんだった。彼は、それを小説に書いて芥川《あくたがわ》賞を取ったんだよ。そんな一家だから、ほんとは、暴力的なおやじなんだけども、なぜか人気がある。

なぜなら、それを支持する日本国民も、意外に、そういう体質が好きなのよね。自分はできないけど、テレビでプロレスを見て血が騒《さわ》ぐような感じが好きなんで、政治家にもそういうところを要求してるわけだ。

田中眞紀子さんにも、女暴力団みたいなところがあって、喧嘩をふっかけて、ワーッとかき混ぜる。あれが見世物《みせもの》として面白《おもしろ》いから、人気取りに使える場合もある。まあ、外れる場合は（笑）、大きく外れるので、ちょっと困るんだけども、大学の底辺校というか、「偏差値《へんさち》の低い学校なんか潰《つぶ》してしまえ」っていうのは、ある意味では、傾聴《けいちょう》に値《あたい》する意見だよ。

今、大学は、赤字で潰れるところがいっぱい出てきているのに、どんどん建ってるし、それから、中高もいっぱい潰れていこうとしているときだから、学校にはリストラをかけなきゃいけない。

そのリストラは、大阪《おおさか》の橋下《はしもと》市長が大胆《だいたん》にやるように、ほんとはやらなきゃいけない。橋下さんは口が立つから、普通《ふつう》の政治家だったら、追い落とされるようなことをやっておりながら、逆に票を取り、人気を取っている。眞紀子さんも、口が立つ人だから、ほんとは嫌《きら》われるようなことをやっても、拍手喝采《はくしゅかっさい》が出る場合もあるんだよね。

だから、彼女が言ってることが、全部、間違《まちが》ってるわけじゃなくて、半分は当たってるわけだ。

あるいは、幸福の科学大学に対して、早くもプレッシャーをかけているかもしれないねえ。つまり、「民主党をいじめたら、君らの大学は建たんかもしらんよ」

っていうことを、もしかして、間接的に言ってくれてるのかもしれないね。そうすると、たちまち、態度が変わってくるだろう。

もっと「政治力」を身につけないと、大学を開校できないのでは？（野田）

大門　幸福の科学大学は、二〇一五年開校予定で準備を進めております。審議会のときに、民主党さんが政権を持っているかどうか分かりませんが、もし、政権を持っていた場合、幸福の科学大学に対して、どういう対応を取られていくのか、ご意見をお聴かせください。

野田守護霊　まあ、それは対応によるわねえ。私は、幸福の科学のシンパ層に数えられる政治家だったのに、その私に対して、矢を次々と放ってくる。「薄情《はくじょう》な宗教だなあ」という感想を持ってはいるわなあ。

政治家だって、お願いされたら、みんな、いろいろと働いてくれるもんですからね。「宗教を敵に回したい」なんて思ってる政治家は、ほとんどいませんよ。好きでない人はいますけども。まあ、「票にはなる」と思ってるから、お願いされれば、たいていのことはやるもんですけども、頭からマスコミみたいに批判してこられると、カチンと来る人は大勢いますからね。

やっぱり、そのへんは、もうちょっと大人になって、何て言うんですかねえ、「政治力」をほんとに身につけないと、学校だって、なかなか建たないんじゃないですかねえ。

6　原発・エネルギー政策に関する「本音」とは

幸福実現党の「原発推進運動」には感謝している（野田）

綾織　先ほど、幸福の科学や幸福実現党との関係について、お話が出ましたが、民主党のいろいろな政策を見ていると、「脱《だつ》原発」等では、微妙《びみょう》に、幸福の科学や幸福実現党の影響《えいきょう》を受けているのではないかと思います。

野田守護霊　あれについては、多少、感謝している。

綾織　はい。

野田守護霊　首相官邸《かんてい》前を占拠《せんきょ》されて、「脱原発が国民の総意です」みたいなところに、ほとんどもっていかれかけたときに、あんたがたが現れて、右翼《うよく》よろしく、極右だか、ウルトラなんとかだか知らんが……。

綾織　極右ではありません。

野田守護霊　旗指物《はたさしもの》を持って現れて、「私は、福島県出身で、原発推進です。日本には資源がありません！」って言うような人が出てきてくれたじゃないか。あいうのは助かるわなあ。（脱原発が）国民の総意でないことは、少なくとも証明できたわな。

この前、「災害復興のため、東日本に配備しなきゃいけない車両が、一台しか向こうに行っておらず、残りの十何台は東京にある」というようなことを新聞に書かれたけど、まあ、そういう過激派を取り締《し》まらせるために車両が必要で、今、左翼のほうを、少しずつ押《お》さえ込《こ》みに入っている。最近、日比谷《ひびや》公園も使えなくしたしね。

彼らは、安保闘争《あんぽとうそう》みたいなものを、もう一回、起こそうとしてたし、六月ごろには、「あじさい革命」といって、エジプトあたりのアフリカから始まった一連の流れみたいなものをやろうとしてるような雰囲気《ふんいき》まで来てたけど、君らが（原発推進を）やってくれたおかげで、かなり（脱原発が）弱まったというか、私も、その力を利用して、優柔不断《ゆうじゅうふだん》にぐらついて見せることができ、ちょっと時間を稼《かせ》げた。

財界のほうが原発推進に入っているのでね。財界を完全に敵には回せないから、「国民の総意ではないようだ」っていうことを見せることができた。これについては感謝してるから、君らを完全に敵視してるわけではない。
「原発がないと経済が回らない」というのが地元の本音（大門）

綾織　一方、選挙を想定したときに、民主党としては、はっきりと「原発推進」を謳《うた》わず、むしろ「脱原発」のほうに力点を置いた政策を出しております。

野田守護霊　うん。内部で分かれてるからねえ。

綾織　このへんは、国の将来を考えると、非常に過《あやま》てる政策だと思います。このエネルギー政策について、幸福実現党としては、どのように考えていますか。大門局長のほうからお願いします。

大門　幸福実現党としては、「原発の早期再稼働《さいかどう》」を、一貫《いっかん》して訴《うった》えております。

先日、衆院鹿児島《かごしま》三区で補選がありましたけれども、あの地区は、川内《せんだい》原発を抱《かか》えています。それで、幸福実現党からは、松澤《まつざわ》さんという三十歳《さい》の若手候補が立って、唯一《ゆいいつ》、「原発を推進すべきだ」と訴えたのです。

地元の方々も、「原発が稼働しないと、地元の経済が回っていかない」と、本当は分かっておられるので、私たちが訴えている政策に共感してくださいました。ただ、左翼的なものがはびこっているため、そういった本音を言えるような雰囲気ではなかったのですが、財界人まで行かなくても、地元の商店街の方々でさえ、本音では、「原発を推進しないと、自分たちの商売が成り立たない」と考えておられます。そういう悲鳴が各地で上がっているのです。

ですから、私たち幸福実現党としては、日本経済をさらに発展させるためにも、原発によるエネルギーを高めていかなければいけないと思っております。

この点について、野田首相は、どうお考えでしょうか。

現時点では「原発反対」の言論のほうが有利だ（野田）

野田守護霊　うーん。これは難しいんだよね。

マスコミで、はっきり「原発推進」と言えるとしたら、産経新聞ぐらいしかない。あとのマスコミは、どっちかといえば、「反対風に言っとくほうが、自分らにとっては言いやすい」っていう感じが強いよな。そのほうが言論を張りやすいからねえ。原発推進では張りにくいですよ。

マスコミは、どちらかといえば、原発に関しては、「左」のほうに七、八割ぐらいは行ってるから、政局を乗り切るためには、このへんを全部、敵に回したくはない。そういうところはある。

私も、夏には、「二〇三〇年代には（原発を）ゼロにする」というようなことを、いったん決めようとしたところまでは行ったし、ちょうど、あれは、霞《かすみ》が関《せき》での反原発・脱原発運動がピークを迎《むか》えたころだったよねえ。でも、大川さんのほうから、「大江健三郎《おおえけんざぶろう》撃《う》ち落としの弾《たま》」が飛んできたり（『大江健三郎に「脱原発」の核心《かくしん》を問う』〔幸福の科学出版刊〕参照）、実際に、実現党がデモをしたりして、揺《ゆ》さぶりに入ってきたよね。

あのあたりと、財界からの要請《ようせい》と、両方が来たあたりで、私もグラグラッとして見せた。私も政治家だから、いったん決めたことだって撤回《てっかい》することはあるわけだ。

でも、今は、力的には、まだ反対のほうが言論的には有利にも見える。ただ、中国や韓国《かんこく》の事件があって、やや、タカ派的な色彩《しきさい》が強くなってきたので、どっちに転ぶか、今、拮抗《きっこう》し合って、はっきりしないところだね。

あの鹿児島の補選は、ほんとは自民党がボロ勝ちするはずだったのに、結果を見たら、意外に僅差《きんさ》だった。あれがボロ負けだったら、ただただ逃《に》げるしかなかったんだけども、意外に僅差だったので、「もしかすると、経済対策か何かを、ポンと一つ、大きく打ち出せば、意外にいい戦いができる可能性があるんじゃないか」っていう気がしたことは事実だなあ。

あと、住民運動については、原発に反対する人や、沖縄《おきなわ》の米軍基地に反対してる人も、「それが本当に実現したあと、どうなるか」についてまで考えてないのは事実だよ。

「沖縄に基地がなくなったあとの産業をどうするか」なんて考えていないし、ただ補助金をもらうぐらいのつもりでいるのかどうか、知らんけどもね。

東北だって、原発を廃止《はいし》してもいいけど、そのあと、「ゴーストタウンになったものを、どうするのか」っていう問題はあるからね。

そういう意味では、今、自民党のほうが原発推進は多いんだろう。色合い的には多そうに思うので、それをはっきり言うと、「自民党と変わりがない」ってことになるのでね。

それと、左翼側の脱原発運動が、どこまで強くなるか。盛り上がるか、あるいは弱っていくか。これを見極《みきわ》めているところではあるので、その比率に合わせた具合で、私のほうも、今、やっとるんだ。

君らが、あっちに勝ってしまえるならいいけど、まだ鹿児島では、共産党候補のほうが、ややリードだったよね。あんなのが、ひとつの象徴《しょうちょう》じゃないか。「共産党候補の票数」対「幸福実現党候補の票数」の比率あたりが、「左翼」対「右翼」の比率みたいな感じで出てるんじゃないかねえ。

大門　ただ、今まで幸福実現党は、共産党に五倍から十倍の得票の差をつけられていたのですが、今回は、実現党が二パーセントで、共産党が四パーセントでしたので、二倍の差にまで縮めることができています。

「新しいエネルギー源」は、二十年もあれば何とかなる（野田）

大門　先ほどの原発の話ですが、「国民の総意や、自民党との差などを、どれくらいの加減で見るかによって、自分の意見や民主党の意見を変えていく」とのことでした。

特に、「野田首相個人としての意見はない」という印象を受けたんですけれども、仮に、原発反対派が増え続けた場合、原発をおやめになると思うのですが、その場合、代替《だいたい》エネルギーとして、今の化石燃料をずっと使っていくというお考えなのでしょうか。

野田守護霊　うーん……。これは難しい問題を抱えていると思う。

新しいエネルギー源も今、模索《もさく》中で、もちろん、海底資源もいろいろある。まあ、海底から採れる資源の見積もりにしかすぎないけどもね。費用が分からないけども、あることはある。

アメリカなどでも、「地下深くから石油とかガスとかが出るかもしらん」ということを言ってるしね。そのように、新しいエネルギーの供給源は、模索すれば見つかるかもしれないけど、ちょっと時間がかかることは事実だよね。

まあ、私は、「二〇三〇年代までに……」と言ったけど、「二十年も時間があれば、何とかつくれるかもしれない」っていう感じはあったし、二十年後のことだったら、何回、撤回したって構わないからね。時間的には、一年以内に、何回も（撤回）できるぐらいですから、二十年もあったら、何回でも変えられる。

そのときに、何が出てくるか分からないじゃないですか。それこそ、新潟沖《にいがたおき》から、海底油田がバアーッと噴《ふ》いてくるかもしれないしねえ。それは分からない。

あるいは、ロシアから、ものすごく安いコストでエネルギーが入ってくるようなこともあるかもしれない。例えば、ロシアの核兵器を解体して、核エネルギーを取り出し、そのエネルギーだけを、何とか、こちらのほうに送ってくれるみたいなことが起きるかもしれない。

まあ、いろんなことがありえるので、二十年もくれれば、十分に検討する時間はあるとは思うけど、「今すぐに」と言われたら、ちょっと厳しいことは厳しい。

実は、今、石油そのものが不足してるわけではなくて、あちらのアラビア半島のほうでは、石油を増産しようと思えば、増産できるぐらいの余力はあるんですよ。それは可能なんですが、あなたがたが言ってるように、「シーレーンのところで妨害《ぼうがい》されて入らない」っていうことが現実化するんなら、それは大変なことになります。

これは尖閣《せんかく》や台湾《たいわん》問題と絡《から》んでるので、もし、「西からの石油を確保しなきゃいけない」っていうことが、どうしても、日本の国の至上命題になるんだったら、やっぱり、中国とは、何らかのかたちで、友好関係を維持《いじ》するように努力しなければいかん。政治っていうのは、それほど複雑なものなんですよ。

もう一つの可能性は、その二十年間で、日本のほうが、何て言うか、昔も省エネの努力で企業《きぎょう》がコストダウンしましたけども、「さらに、省エネやエネルギーのリサイクル方法が見いだせる」ということも「ない」とは言えない。

あるいは、冬も暖房《だんぼう》を入れずに、みんな、毛皮を着て生活するようになるとか（笑）、そういう「自然に帰る」運動が起きるかもしれないしね。

大門　特に、この冬、北海道などの北の地域では、「原発が止まって、凍死《とうし》しそうだ。このままだと、特に北海道は危ない」と聞いております。

野田守護霊　熊《くま》も餌《えさ》がなくて大変なんだ。

本心を明かせば、私は「核《かく》武装論者」だ（野田）

大門　さらに、原発は、潜在《せんざい》的に、中国に対する「核《かく》の抑止力《よくしりょく》」にもなりますので、中国の核ミサイルが、日本に照準を合わせて配備されているなか、「抑止力を高める」という意味でも、原発は絶対に減らしてはいけないと思っております。

野田守護霊　いやいや、よく分かりました、よく分かりました。まあ、本人じゃないし、どうせ、信じない人は信じないから、言っちゃうけども、〝野田ドジョウ総理〟の本心を明かせば、私は「核武装論者」なんです。それを言えないのが民主党ですから、言えないんですけど、私は核武装論者です。だから、ほんとは、核武装したいんです。日本を核武装して、中国に対抗できるようにしたいとは思ってます。

ただ、民主党のなかで、それを強硬《きょうこう》に主張して政権がとれるほど甘《あま》くはない。今のところ、左翼のほうが地盤《じばん》としてはけっこう強くて、「左」に寄ってる人が七割ぐらいは付いてるかもしれないのでね。

しかし、国が、中国とのトラブル、韓国とのトラブル等で右傾《うけい》化しつつあるので、自民党の総裁選に出てきた候補者は、みんなタカ派でしたよね。それであれば、民主党でも、やや右寄りの人が総理を続けられる可能性があるような状況が出てきつつはあるけど、まだ予断を許さない。

選挙までの間に大地震《じしん》が来ないよう、神様に頼《たの》んでおいてほしい（野田）

野田守護霊　やっぱり、マスコミがけっこうきついんですよ。

特に、今の原発問題については、毎日のように新聞の一面に出すからね。とうとう、放射線のレベルの話については書くタネがなくなってき始めたから、いよいよ、次は、「活断層」で一生懸命《いっしょうけんめい》、飯《めし》を食ってるんですよね。「活断層が下を通ってる」なんて、誰《だれ》にも分からないような話をしてる。「二十数万年前に動いた形跡《けいせき》がある」とか（笑）、「五万年前に動いた形跡がある」とか、私だって、いちおうあきれてはいるんですよ。「二十数万年前に動いたって？　そうですか。次はいつなんでしょうかね？」って訊《き》かれても、それに答えられる人はいやしないんです。

ああいう学者たちは、普段《ふだん》、全然発表する機会がないけど、今回だけは取材がいっぱい来て、新聞の一面に載《の》るもんだから、うれしくてうれしくて、「ここにも、あそこにも活断層がある。見つけた！」と言うんだよね。

ただ、イタリアみたいに、「地震《じしん》学者でも、〝予言〟が外れたら、刑務所《けいむしょ》に入れられる」とかいうんだったら、みな、急に言わなくなるだろう。日本も、そういう法律をつくれば、そらあ、言わなくなるんだけども、「二十数万年前に断層が動いた」って言っても、そんなもん、分からないわね。あんたがたも、二十万年後の日本人のために政策をつくりゃしないだろう。それはそうだと思うんだよなあ。

私は、その程度に見てはいるんだけど、マスコミにも書くタネがないから、とにかく、次々と探すのよ。

だから、できれば、選挙までの間に大きな地震が来ないよう、神様に頼《たの》んどいてよ。頼むわ。

綾織　野田政権が続くと、少し危険なところもありますね。

野田守護霊　特に、原発の近くで起こさないように頼んどいてよ。おたくには、そういう〝ツール〟があるらしいじゃないか。

綾織　そのへんは、野田政権次第《しだい》だと思いますが、原発や核の問題については、ある程度、本音では、一致《いっち》できるところがあることが分かりました。

野田守護霊　本音は核武装論者です。はい。それは認めます。

7　TPPは「中国包囲網《もう》」でもある

TPPを民主党政権にやらせる自民党は卑怯《ひきょう》（野田）

綾織　ところで、次回の衆院選の争点として、野田さんが出されようとしているのが、TPP（環《かん》太平洋戦略的経済連携《れんけい》協定）の問題です。これについては、どういう問題意識をお持ちでしょうか。

野田守護霊　いやあ、このへんは難しいわね。

綾織　TPPについて、中国が一つの問題になっているわけですが、やはり、中国を意識したものとして考えていらっしゃるのでしょうか。

野田守護霊　私の判断を見れば、そらあ、君らと同じところをきちんと見てることは分かってるとは思うけどね。君らは賢《かしこ》いから、分かってるとは思うけども、TPPは、本来、自民党がやりたくてもできない政策なんだよ。

自民党政権だったら、あれは、自民党がやらなきゃいけないものだけども、自民党は、農家とか漁村とか、田舎《いなか》の地域にすごい地盤《じばん》を持ってるから、やりたいけど、ほんとはやりにくい。

自民党には卑怯《ひきょう》なところがあって、自分らがやりにくいことは、民主党にやらそうとする。（消費税）増税法案もそうだったよね。ほんとは、自民党がずっとやりたくてやりたくてしかたなかったが、それをやると、党の支持率が急降下して、選挙に負けるので、できなかった。それを民主党政権にして、やっちゃったよね。あれは、けっこう、ずるいんだよ。

TPPも、ほんとは、自民党がやらなきゃいけないけど、実際は、自民党ではできないいんだよ。だから、民主党政権にやらせてしまいたい。嫌《いや》なことを、全部、民主党にやらせといて、崩壊《ほうかい》させたあとで、政権を取ろうとしてるんだろうから、こういう棚《たな》ぼたを狙《ねら》ってるのが、今の自民党のやり方だね。

それは分かってるけども、いちおう、民主党・自民党・公明党の三党を合わせれば、いろんな法案を通せるから、「そのへんを上手にまとめあげ、ノーサイドで通すことが政治家としての仕事だ」と思って、やっとるわけだ。

TPPは「日米安保《あんぽ》」とも連動して「中国の覇権《はけん》」を防ぐ（野田）

野田守護霊　TPPも、現実は、反対運動がいっぱい出るだろうと思いますけども、あんたがたが言ってるとおり、「対中国包囲網《もう》」の意識は、私も持ってますよ。つまり、ＴＰＰをやったら、中国が完全に孤立《こりつ》するんですよ。

日本でも、確かに一部、農業とか漁業とか、競争力のないところで被害《ひがい》は出るだろうと思います。

ただ、ある意味で、「これだけの円高の時代に、そういう第一次産業の産品《さんぴん》を、貧しいアジアの国々から、どんどん買ってやる」っていうのは、当たり前のことではあるんだよね。それは、当然、日本がやらなきゃいけないことだ。

そのために、日本の農村や漁村の一部が潰《つぶ》れたにしても、転業だって、まだまだできるじゃないですか。ほかに転業する方法もあれば、ハイテク型の農業や漁業もありえるらしいのでね。

例えば、養殖《ようしょく》で味のいい魚をつくるとか、高付加価値の野菜をつくるとか、牛肉なんかでも、オーストラリアやアメリカに絶対負けないほど高品質の牛肉をつくるとか、そういう高付加価値路線を、ソニーとかだけでなくて、農業や漁業でもできないことはないんでね。

そういうところは、一部、強くなって生き残れるし、あっさり負けてしまうところは、転業・廃業《はいぎょう》もあるだろうから、それには、多少、補償《ほしょう》をしなきゃいかんかもしれないとは思うよ。

しかし、TPPは、基本的に日米安保《あんぽ》とも連動してるんです。それから、「アジア太平洋地域、オセアニア地域等を、アメリカと日本を中心としたグループで治めるか、あるいは中国の覇権《はけん》で取られるか」っていう戦いが、これに懸《か》かっているんです。

ただ、農家とか漁民とか、あるいは田舎の人たちには、そんなことを言ったって分からないので、これは、私の〝悪代官〟としての最後の仕事になるかもしれない。できたら、何とか通してしまいたいなあと思うとりますけどね。

綾織　まあ、このへんの問題意識が一致《いっち》しているのは分かりました。

8　国防を「本音」で語れる政治家が要《い》る

総理を五年やらせてくれたら国防にも取り組む（野田）

綾織　先ほどの話でいきますと、中国問題に対するスタンスは、ある程度、幸福実現党との共通部分がありますけれども、実際には、「日本の防衛についての考え方そのものが民主党の限界である」と言えると思います。

野田守護霊　私に、総理を五年やらせてくれたら、もうちょっとやりますよ。

綾織　ほお！　そうですか。

野田守護霊　五年、五年、五年……。自民党の総理でも、五年ぐらいやった人はいるからね。二人ぐらい、いるじゃないですか。ね？

綾織　しかし、民主党政権であるかぎり、難しいのではないでしょうか。

野田守護霊　いや、三党連立でも、「民主党から総理を出す」っていうことも、ないわけではないでしょ？　私に、五年の任期を与《あた》えてくれたら、国防のところまで入ります。それはやります。間違《まちが》いない。うん。

綾織　国防については、幸福実現党の主張もいろいろとありますが。

野田守護霊　ええ。（幸福実現党の）主張そのものは頂きます。「本音で語れない政治家」というのは本当に情けない（大門）

綾織　それでは、大門《おおかど》局長から、国防について語っていただければと思います。

野田守護霊　（会場を見て）何だか、疑いの目がいっぱい来るんだよなあ。怪《あや》しいなあ。

大門　野田さんの本音は、核《かく》武装論者であると？

野田守護霊　そうです。

大門　その話で、少し安心はしたのですが、本音で語れない政治家というのは、やっていて、すごくおつらいのではないかと思います。

次に解散したときには、選挙に出られても、かなり厳しくなることが予想されますが、幸福実現党は、野田さんをも受け入れる器《うつわ》がございますので……。

野田守護霊　あ、ほんと？

大門　ええ。

野田守護霊　ほんとに？　今、言ったこと、録音して、繰《く》り返し……。

大門　あのー……（苦笑）。

野田守護霊　「幸福実現党には、野田さんを受け入れる余地がある」と、〝世界皇《こう》帝《てい》を倒《たお》す女〟が言ったわけね？

大門　ええ。核武装論者であり、「憲法九条を改正し、自分の国は自分で守る」というお気持ちが、本当にあるのでしたら……。

野田守護霊　本心を言えば、安倍《あべ》総裁よりも、私のほうがタカ派です。実は、彼よりも、私のほうがタカ派なんです。あんなボンボンとは違うんです。私のほうが、もっとタカ派なんです。

だけども、「民主党のなかを泳ぎ渡《わた》って、総理まで辿《たど》り着いた」ということだって、よっぽどうまいこと泳がないかぎり、ここまでは来れないのでね。人に乗っけられたり、動かされたりしているようなふりをしながら、上手に乗って来てるわけ。
だから、「ドジョウには小骨があるから……」って、捨てちゃいけない。やっぱり、小骨を我慢《がまん》しながら食べるところに味わいがあるんだよ。

大門　うーん……。先ほどの国防に対する意識が本音であるとすれば、やはり、「本音で語れない政治家」というのは、本当に情けないと思います。

防衛力強化の口実に「北朝鮮《きたちょうせん》のミサイル攻撃《こうげき》」を期待（野田）

野田守護霊　いや、少なくとも、民主党のなかでは合意を得なきゃいけないでしょ？　だけど、そんな簡単に、民主党員の合意を取れるものではないからね。
実際に攻撃《こうげき》を受けて、被害《ひがい》が出たら、民主党でも合意を取れるよ。だけど、被害が出るまでは、ちょっと取れない。ただ、今の状態では取れないことは分かる。うーん、だから、しかたないのよ。

大門　そうすると、「他国から攻撃を受けるまでは、日本独自の防衛力を強化していくことは難しいと考えている」ということでよろしいですか。

野田守護霊　うーん……、そうでもないんだけどなあ。
あの石原《いしはら》（慎太郎《しんたろう》）さんでさえ、「ミサイルの一本ぐらい飛んでこねえかな」と言ってたからね。「北朝鮮《きたちょうせん》のミサイルが一発落ちてくれたらいい。そうすれば、急に国論が変わって、（防衛力強化が）できるんだけどな」って言ってたけど、私も気持ちは一緒《いっしょ》で（笑）、「何か飛んでこないかな」という気持ちぐらいは持ってるんだよね。

原発報道で中国人に「核《かく》の恐怖《きょうふ》」を刷《す》り込《こ》みたい（野田）

大門　例えば、日本にミサイルが飛んで来たときに、まだ「強いアメリカ」が存続していた場合には守られるかもしれませんけれども、そうでない場合には、本当に、核《かく》ミサイル一発で日本全土がやられてしまいますよ。

野田守護霊　いや、君ねえ、その考えに落とし穴が一つあるんだよ。

今回、原発の被害をものすごく大きく報道して騒《さわ》ぎ、日本政府が弱って右往左《うおうさ》往《おう》しているように見せてるけども、これは、中国に対して脅《おど》しをかけてるんだよ。つまり、「核というのは、こんなに恐《おそ》ろしいものだ」っていうことを向こうにも教えてるわけだ。

向こうは原発や核ミサイルをいっぱい持っているけど、万一《まんいつ》、日本に撃《う》ち込《こ》んだとしても、あそこのは性能が悪いから、本当はどこに飛ぶか、分かりゃしないし、台湾《たいわん》に撃ち込もうとも、沖縄《おきなわ》に撃ち込もうとも、意外に、（中国本土にも）核汚染《おせん》がいっぱい来るかもしれない。

あるいは、米軍が撃ち込んでくるかもしれないし、日本は核兵器を持ってないにしても、通常兵器で中国の核ミサイル基地や核施設《しせつ》等を攻撃するかもしれない。それで、（福島の原発事故のような）ああいう大事件が起きて、国民がみんな逃《に》げ惑《まど》う状況《じょうきょう》になるとしたら、やっぱり恐怖《きょうふ》でしょう？

だから、今、中国国民に、その恐怖の印象を刷《す》り込みしてるのよ。つまり、私は、日本のマスコミが核についてギャアギャアと騒いでいるところを利用して、中国国民にも逆恐怖を与えてるんだ。

実際に、東日本大震災《だいしんさい》で福島の原発事故があってから、中国国内でも騒ぎが起きてるからな。中国人って阿呆《あほう》だからさ、あ、これは言っちゃいけない。あのー、中国人って、そうずっと現代的でないからさ、「塩と味噌《みそ》で放射線を防げる」と思ったらしく、塩と味噌を買いに走って、いっぱい買いだめしたらしい。まあ、お笑いに近いけども、あ、これも言っちゃいけないな。

日本の核汚染は、もう沈静《ちんせい》化して消えていくのが目に見えているんだけども、中国はそういう民族なので、できるだけ日本のマスコミを騒がせておいて、ちょっと中国に脅しをかけてるのよ。

「『核戦争だ』なんて言っているけれども、そんなことをしてたら、結局、おまえらの国も、最終的には、日本みたいになって、もう、逃げる所がなくなるよ。原発施設や核兵器が、あっちにもこっちにもいっぱいあるが、そこをアメリカから攻撃されたら、こんなふうになって、もう、行く所がないよ。それに、日本の通常兵器でも、そこを攻撃することはできるんだからね」ということで、ある意味、向こうに対する威嚇《いかく》もしてるのよ。

私には、これほどの知能があるのよ。「私のＩＱは二五〇ぐらいあるかもしれない」と、ときどき思うことがある。

外交・国防の基本は「最悪の事態に対する備え」だ（大門）

大門　今おっしゃったような可能性もあるかもしれませんが、「最悪の事態を考え、それに対して備えを強化していくこと」が、政治の基本、外交の基本、国防の基本だと思いますよ。

野田守護霊　うーん。今、いちおう、あれを狙《ねら》ってるんだ。アメリカが持っている無人偵察機《ていさつ》、および、無人攻撃機？　あれがいいなと思ってるんだよ。夜間に飛んで行って、狙った所だけを攻撃して帰ってくる。人が乗ってないから、撃ち落とされたって、別に、誰《だれ》も死なないから、今の日本の軍事に対する体質から見ると、ああいう無人飛行機はいいなあと思う。

綾織　それで、何をするつもりですか?

野田守護霊　いや、だから、それで、向こうの軍事施設を叩《たた》けばいいんでしょ?あれを秘密裡《り》に入手して、日の丸のマークを入れないで飛ばすことができれば、どこの国からやられたかが分からないから、いいと思うんだけどなあ。

綾織　それだけでは、今の中国の軍拡は防げないと思いますよ。単に、暗殺するだけですね。

野田守護霊　だけどね、尖閣《せんかく》あたりを攻《せ》めてくるやつらは、あれでやれるよ。日本が攻撃したと分からずに、攻撃可能なので、二、三隻沈《せきしず》めたら、十分に効果があるかもしれない。

日本の潜在力《せんざいりょく》を「世界の発展・繁栄《はんえい》」のために使うべき（大門）

大門　「日本を守ることができる」と、かなり楽観的にお考えのようですが、共産主義国家、唯物論《ゆいぶつろん》国家で、基本的人権も守られていない中国のような国が、何百発も核ミサイルをつくり続けていることに対しては、いかがでしょうか。

世界のリーダーにならなければいけない日本の首相としては、「世界的正義」、あるいは、「地球としての正義」について、どのようにお考えでしょうか。

野田守護霊　あっ、それは、核兵器が何百発あっても、エル・カンターレが日本に存在するかぎり、大丈夫《だいじょうぶ》だ。「信仰《しんこう》の力で、バリアを張って止める」と。もう、これでいこうよ。安上がりだ。すごく安い。うん。

大門　（苦笑）

野田守護霊　言葉をなくしたか。ハハハハハハハハ……。（手を大きく広げながら）ウウーンって止めたらいいんだよ。

大門　エル・カンターレ信仰は基本ですが、変革すべきところ、民主化すべきところ、自由化すべきところについては、現実的な力として、実行していかなければなりません。

幸福実現党は、「日本を守る」ということを最低限やっていくつもりです。それは、単に、「日本を守ればいい」というレベルにとどまるものではありません。

今、アメリカは、「世界の警察」の使命を終えようとしていますし、経済的にも停滞《ていたい》していますので、「アメリカに代わって中国が台頭してくることは、絶対に許さない」と思っているのです。

日本は、世界一の技術力を持っていますし、勤勉・真面目《まじめ》で、震災が起きても、何が起きても、強奪《ごうだつ》や略奪《りゃくだつ》が起きないような素晴《すば》らしい国民性を持っています。

日本国には、潜在的《せんざい》な力がまだまだ眠《ねむ》っていると思いますので、その力を世界の発展と繁栄《はんえい》のために使っていくべきです。

野田守護霊　そうなんですよ。日本には、本当に、「世界皇帝よりも強い人」もいるんだよ。だから、潜在力があるんだよ。頑張《がんば》りたまえ。うんうん。

大門　はい（笑）（会場笑）。

綾織　野田首相にも、私たちを応援《おうえん》してくださる気持ちがあるわけですね。

9　今後の「選挙戦略」を訊《き》いてみる

無所属での出馬者や離党者《りとう》も当選したら呼び戻《もど》すつもり（野田）

綾織　最後に、今後の幸福実現党の戦いの参考にさせていただきたいのですが、衆院選、あるいは、夏の参院選に向けて、どんなプランをお持ちなのでしょうか。民主党としては、どのようにして、選挙に勝つなり、勢力を維持《いじ》するなり、負けを最小限にとどめるなりしようと考えているのですか。

野田守護霊　無所属になったり、ほかのところへ走ってみせたりした人でも、もし、選挙を乗り切って当選したら、そのあとで、また吸収するつもりですよ。みんな、当選するために、（党を）出ようとしてるだけですから、また吸収します。

綾織　それは選挙戦術についての話ですが、今後、野田首相としては、何をしたいとお考えなのでしょうか。

野田守護霊　今は、やっぱり、経済対策を何かやって見せなきゃいけないと思う。ウルトラCとして、何かを打たなきゃいけないと思っています。

綾織　目の前のことしか考えていないことが、非常によく分かりました。

野田守護霊　いや、だから、「長期政権を任せてくれれば、国防をやる計画だ」って言ってるじゃないか。

綾織　いえいえ。そのへんは、幸福実現党としても、これからの戦いがありますのでね。

「日本の未来」のために正論を言い続け、国論を揺《ゆ》さぶりたい（大門）

綾織　最後に、大門《おおかど》局長から、今後の戦いについて、一言、お願いできますか。

大門　はい。

野田守護霊　（大門の）名前は「未来《みらい》」（読みは未来《みき》）か。いい名前だねえ……。

大門　ありがとうございます（笑）。

野田守護霊　すごいねえ。「大門」って名前をやめて、日本武尊《やまとたけるのみこと》のように、「日本未来《やまとみらい》」に変えたらどうだい？　うん？

大門　（笑）ええ。通称名《つうしょう》では使うかもしれません。

野田守護霊　そうだねえ。

大門　私たちは、国防の大事さ、すなわち、「自分の国は自分で守る」という、主権国家として当たり前の姿を、国民のみなさまにもご理解いただけるように、努力して選挙戦を戦ってまいりたいと思います。

私たちは、ある意味で、「先見性のありすぎる政党」です。

立党時点ではお分かりいただけなかったことでも、時間がたつにつれ、「幸福実現党が言っていることは正しかった」と言って、共感してくださるシンパ層の方が増えてきています。

私たちには、野田首相のように、ドジョウのごとく立ち回って、政治生命を考えたり、自己保身に走ったりすることは、まったくありません。志としては「第一党」を目指して活動していきますけれども、たとえ、当選者が出なかったとしても、「正論を言い続けることによって、この国の国論に揺《ゆ》さぶりをかける戦い」は、永遠に続けていくつもりです。

ですから、野田首相にも、「本音で政治ができる政治家」になっていただきたいのです。もし、そういうお志が少しでもあるのでしたら、あなたと組んでも構いません。今後とも、「日本をよくするために、何ができるのか」ということを、共に考えてまいりたいと思います。

野田守護霊　君ね、「永遠に当選者が出なくてもいい」なんていう言葉は、そんなに軽く言っちゃあ、政治家はできないよ。やっぱり、それはまずいわ。

綾織　「永遠に」ではありません。今回の話ですので、必ず出します。

野田守護霊　永遠に当選しないぐらいだったら、君、民主党から立候補しなさいよ。いいところを探してあげるからさあ。

大門　いえいえ。「第一党」という志は、私を含《ふく》め、幸福実現党の役員、全員が持っております。ただ、それができなかったとしても、「国論を変える」という信念だけは、絶対に曲げないで戦っていきたいと思っています。

幸福実現党には「先見性」はあるが「忍耐力《にんたいりょく》」が足りない（野田）

野田守護霊　いやあね、君らに先見性があるところは、俺《おれ》も認めるよ。それと、仕事がすっごくスピーディーで、早く物事が動く。

ただ、「先見性がありすぎるところ」や、「早く動きすぎるために、一般《いっぱん》の人たちの目にとまらないところ」がある。「写真を撮《と》ろう」と構えていても、「あれ？」と思ったら、シューッと行ってしまっていて、撮れないんだよ。

これは、昔、新幹線が初めて走ったころのようなショックだよな。写真に撮れない。これが問題なわけよね。ゆっくり走っているポンコツ車なら撮れるけども、君らは速すぎて撮れないんだ。

だけど、逆に俺の特徴《とくちょう》は、「冴《さ》えないように見えながら、忍耐力《にんたいりょく》があり、ジーッと我慢《がまん》しているうちに勝機を見いだし、そこから仕事をしていく」っていうところだよな。

俺が、一年を超《こ》えて、ここまで総理をするなんて、誰《だれ》も思っていなかった。たまたま、俺が財務副大臣のときに、財務省の言うことをきいていたから、財務省のほうも、「どうせ、総理になっても〝お飾《かざ》り〟だから、これだったら牛耳《ぎゅうじ》れる」と思って、俺を総理に決めたんだろう。ところが、総理を一年やるうちに、全権を持ち始めている。これが、政治家なのよ。

だから、政治家っていうのは、自分の本心でなくても、耐《た》え忍《しの》びながら、しだいに自分のほうにもっていくチャンスを、ジーッと待つだけの忍耐力がないと、もたないところがある。幸福実現党に足りないところがあるとしたら、そういう部分だなあ。

だから、立木《ついき》党首のところには赤ちゃんがいるみたいだけど、その子が大人になるまで負け続けるだけの忍耐力があるかどうか。これを、今、試《ため》されてるところだねえ。うーん。

綾織　そこまではかからないと思いますし、忍耐力も十分に備えているかと思います。

政治家を辞《や》めたら幸福の科学に帰依《きえ》して伝道者になろうか（野田）

綾織　本日は、本当に、お忙《いそが》しいなかをお出《い》でいただき、ありがとうございます。

野田守護霊　（大門に）いやあ、若くて、美しくて、優秀《ゆうしゅう》で、早稲田《わせだ》の政経も格が上がったねえ。私たちのころは、まだ、田んぼのなかに建っているような大学だったんだが、今は、かっこいい大学になったねえ……。

綾織　はい。野田さんが落としている分だけ、よくなると思います（会場笑）。

野田守護霊　いや、私は落としてないのよ。東京大学が落ちていっただけのことであって、別に私は落としてないんだけどね。

綾織　今日は、本当に、さまざまな「本心」を語っていただき、ありがとうございます。これを参考にいたしまして、私たちも頑張《がんば》っていきたいと思います。

野田守護霊　いやねえ、私は、大川隆法さんのシンパなんだよ。だから、「政治家を辞《や》めたら、幸福の科学に帰依《きえ》して、伝道者になろうか」と思ってるんだよ。

綾織　それがいちばんよいかと思います。

野田守護霊　うん。末永くお付き合いをお願いしたいね。だから、こういう美人候補を、〝美しき刺客《しかく》〟とか称《しょう》して、地元の千葉なんかに送り込《こ》んでくるんじゃないよ。あんた、駄目《だめ》よ。

綾織　それもあるかもしれません。はい。

野田守護霊　そういうことはしちゃいけないよ。

綾織　本日は、本当に……。

野田守護霊　世の中には「禁じ手」っていうのがあるんだよ。

綾織　はい。ありがとうございました。

野田守護霊　はいはい。

大門　はい。ありがとうございました。

大川隆法　（野田守護霊に）ありがとうございました。

10　野田首相守護霊は「本心」を語ったのか

大川隆法　いかがでしたか。

大門　はい。ドジョウのようにヌルヌルとして、本心をなかなか言わない感じでしたけれども、意外にポロッと本音も言われていたようなので、びっくりしました。

大川隆法　うーん。でも、彼には、老獪《ろうかい》なところと、本当は考えがはっきりしているところの両方があるようですね。考えがはっきりしている部分の周囲を、ヌルヌルとしたぬめりで何重にもくるんでいるような面があるのかもしれません。ただ、政治家としては、鳩山《はとやま》氏や菅《かん》氏に比べて、ずっとしたたかです。政治家としてぶつかると、安倍《あべ》総裁も敵《かな》わないのではないでしょうか。こちらのほうが、よほど手強《てごわ》いですよ。

綾織　安倍総裁は、すごくシンプルですね。

大川隆法　彼は、もっとシンプルで、はっきりしていて、裏表があまりない人です。それが、周りに受けるときにはすごくいいのですが、もろいときにはもろいので、そのシンプルな戦略が折れたときには、自分自身もあっさりと折れてしまいます。

一方、野田さんは、曲がっても生き延びていくタイプなので、それなりに手強い人です。

おそらく、小沢一郎《おざわいちろう》氏も、野田さんのことを、「大したことはない」と、そうとうなめていたと思います。そのように、自分をなめさせて、人を安心させるあたりが、なかなかうまいですね。

もし、松下政経塾《まつしたせいけいじゅく》の第一期生として、野田さんのそういう面を見抜《みぬ》いていたとしたら、松下幸之助《こうのすけ》さんも鋭《するど》かったと思います。

「パナソニックが潰《つぶ》れることぐらい、最初から分かっていた」などと言うようであれば、もっと手強いことになりますね。

幸福実現党は、立木《ついき》党首が、長期戦略を持って、同じように粘《ねば》っています。まだ、当会としては、力をつけたいところがありますからね。

今回の霊言《れいげん》には、本音と建前《たてまえ》の両方があったでしょうが、世に問うだけの何らか価値のある内容はできたかもしれません。意外に、民主党議員は、この内容を読んで、「ああ、これが野田さんの本心なのか」と思うかもしれませんし、マスコミも、驚《おどろ》きをもって読むことでしょう。

これは、いろいろな人に、ぐらつきが出るような本になるかもしれませんね。

（綾織に）「ザ・リバティ」で、よき解説をお願いします。

綾織　はい。分かりました。

大川隆法　それでは、以上にします。

大門　ありがとうございました。

あとがき

なんとも、おどろおどろしい題を付けたものだと自分でもあきれてはいるが、この『世界皇帝を倒す女』という題でも、あっさりと受けて立つのが、われらが「ミキティ」なのである。野田首相も守護霊対談で良かったろう。実物対談なら、串刺《くしざ》しにされていたかもしれない。

とまれ、新聞やテレビ等のマスコミでは、「第三極」と称して、愚物《ぐぶつ》を追いかけ回しているが、たまには名伯楽《めいはくらく》となって、千里の道を走る名馬を見抜かなくては、「マスゴミ」と嘲笑されてもしかたないのではないか。保身に走るのではなく、「公器」としての眼をもってもらいたいものだと思う。この国のためにも、世界のためにも。

二〇一二年　十一月十六日

幸福《こうふく》の科学《かがく》グループ創始者兼総裁《そうししゃけんそうさい》　大川隆法《おおかわりゅうほう》

『世界皇帝を倒す女』大川隆法著作関連書籍

『国防アイアンマン対決』（幸福実現党刊）
『スピリチュアル党首討論』（同右）
『バラク・オバマのスピリチュアル・メッセージ』（同右）
『沈みゆく日本をどう救うか』（同右）
『大江健三郎に「脱原発」の核心を問う』（幸福の科学出版刊）

世界皇帝《せかいこうてい》を倒《たお》す女《おんな》

――ミキティが野田首相守護霊に挑む――

2012年11月24日　初版第1刷

著　者　大《おお》 川《かわ》 隆《りゅう》 法《ほう》

発　行　幸福実現党

〒107-0052 東京都港区赤坂2丁目10番8号

TEL(03)6441-0754

発　売　幸福の科学出版株式会社

〒107-0052 東京都港区赤坂2丁目10番14号

TEL(03)5573-7700

http://www.irhpress.co.jp/

印刷・製本　株式会社 堀内印刷所

落丁・乱丁本はおとりかえいたします

ISBN978-4-86395-275-1 C0030

大川隆法ベストセラーズ・中国の今後を占う

小室直樹の大予言

2015年 中華帝国の崩壊

世界征服か？ 内部崩壊か？ 孤高の国際政治学者・小室直樹が、習近平氏の国家戦略と中国の矛盾を分析。日本に国防の秘策を授ける。

1,400円

中国と習近平に未来はあるか

反日デモの謎を解く

「反日デモ」も、「反原発・沖縄基地問題」も中国が仕組んだ日本占領への布石だった。緊迫する日中関係の未来を習近平氏守護霊に問う。
【幸福実現党刊】

1,400円

李克強 次期中国首相本心インタビュー

世界征服戦略の真実

「尖閣問題の真相」から、日本に向けられた「核ミサイルの実態」、アメリカを孤立させる「世界戦略」まで。日本に対抗策はあるのか!?
【幸福実現党刊】

1,400円

※表示価格は本体価格（税別）です。

大川隆法ベストセラーズ・幸福実現党の魅力とは

国防アイアンマン対決

自民党幹事長 石破茂守護霊 vs. 幸福実現党出版局長 矢内筆勝《ひっしょう》

いま、改めて注目される幸福実現党の国防戦略とは!? 国防第一人者と称される石破氏守護霊の本音が明かされる緊急国防論争。
【幸福実現党刊】

1,400円

「人間グーグル」との対話

日本を指南する

氾濫する情報の中から、真実だけをクリックする──。国師と黒川白雲《はくうん》政調会長が、日本の問題点と打開策を縦横無尽に語り合う。
【幸福実現党刊】

1,400円

「アエバる男」となりなさい

PRできる日本へ

アメリカ共和党も認めた幸福実現党の正当性！ 国師とあえば直道《じきどう》広報本部長との対談から見えてくる、国難を打破する人材論とは。
【幸福実現党刊】

1,400円

※表示価格は本体価格(税別)です。

大川隆法ベストセラーズ・幸福実現党の魅力とは

スピリチュアル党首討論
安倍自民党総裁vs.立木幸福実現党党首

自民党が日本を救う鍵は、幸福実現党の政策にあり！ 安倍自民党新総裁の守護霊と、立木《ついき》秀学《しゅうがく》・幸福実現党党首が政策論争を展開。
【幸福実現党刊】

1,400円

野獣対談
――元祖・幸福維新

外交、国防、経済危機――。幸福実現党の警告が次々と現実化した今、国師が語り、松島弘典《ひろのり》幹事長が吠える対談編。真の維新、ここにあり！【幸福実現党刊】

1,400円

猛女対談
腹をくくって国を守れ

国の未来を背負い、国師と釈量子《しゃくりょうこ》女性局長が語りあった対談集。凛々しく、潔く、美しく花開かんとする、女性政治家の卵の覚悟が明かされる。
【幸福実現党刊】

1,300円

大川隆法ベストセラーズ・国難を打破する

国を守る宗教の力

この国に正論と正義を

３年前から国防と経済の危機を警告してきた国師が、迷走する国難日本を一喝！ 日本を復活させる正論を訴える。
【幸福実現党刊】

1,500円

この国を守り抜け

中国の民主化と日本の使命

平和を守りたいなら、正義を貫き、国防を固めよ。混迷する国家の舵取りを正し、国難を打破する対処法は、ここにある。
【幸福実現党刊】

1,600円

平和への決断

国防なくして繁栄なし

軍備拡張を続ける中国。財政赤字に苦しみ、アジアから引いていくアメリカ。世界の潮流が変わる今、日本人が「決断」すべきこととは。
【幸福実現党刊】

1,500円

大川隆法 ベストセラーズ・最新刊

バラク・オバマのスピリチュアル・メッセージ
再選大統領は世界に平和をもたらすか

弱者救済と軍事費削減、富裕層への増税……。再選翌日のオバマ大統領守護霊インタビューを緊急刊行！日本の国防危機が明らかになる。

【幸福実現党刊】

1,400円

HS政経塾・闘魂の挑戦
江夏死すとも自由は死せず

沈みゆく日本を救い、この国の自由を守る――。国師が託した「HS政経塾」の志と理念、そして政策を語り合う、塾長との政経対談。

【HS政経塾刊】

1,400円

ジョーズに勝った尖閣男
トクマとの政治対談

尖閣上陸！ なぜ彼は、無謀とも思える行動に出たのか!? 国師との対談で語られる尖閣上陸秘話と、国を愛する情熱と信念について。

1,400円

※表示価格は本体価格（税別）です。